DISSERTATION HISTORIQUE

ET

POLITIQUE,

SVR

LE TRAITTE

FAIT ENTRE LE ROY

ET LE DUC CHARLES,

Touchant

LA LORRAINE.

M. DC. LXII.

MATIERES
de cette Diſſertation.

Motifs du Roy dans ce Traitté auec le Duc Charles.

I.

Que la Lorraine n'eſt pas vn Membre de l'Empire d'Allemagne, mais de celuy de France.

II.

Suite du meſme ſuiet.

III.

Que le Roy eſt le vray Empereur des Romains, l'Empire ayant eſté vny inſeparablement à la Monarchie de France.

IV.

Que l'Empire Romain n'a pû eſtre porté en Allemagne: Les Empereurs d'Allemagne nõmez ſeulement Rois.

V.

Preeminence des Roys de France ſur les Empereurs d'Allemagne, preuuée.

VI.

La Maiſon de Lorraine ne tire point ſon Origine de l'Auguſte Maiſon de France.

VII.

La Lorraine eſtant vn Membre de l'Eſtat de France, qui n'en a pû eſtre ſeparé, elle appartient au Roy par le Droit Public.

VIII.

Cõme conquiſe elle luy appartient par le Droit des Gents.

IX.

Eſtant vne Principauté Hereditaire, Patrimoniale, & qui participe de la Nature du Fief, elle appartient encore au Roy par le Droit Ciuil.

A V

A V R O Y,
Empereur des François
& des Romains.

S I R E,

L' étenduë de la gloire des Princes dépend également de l' étenduë de leur intelligence, & de celle de leurs Empires. On mefure leurs loüanges à leur puiſſance. Comme vne petite & foible Principauté n'eſt pas conſiderable entre les celebres Eſtats, celuy qui la gouuerne, quelque excellent & merueilleux qu'il ſoit, aura difficilement place entre les Grands Princes, quoy qu'il en ait entre les Grands Hommes. C'eſt pourquoy, SIRE, les Monarques qui ont aſpiré à la Gloire, ont deſiré paſſionnément d'agrandir leurs Eſtats, & de les étendre au de là de leurs anciennes limites. Ils n'ont pas ignoré qu'vne puiſſance non commune produit toûiours vne admiration extraordinaire. La Grandeur de Dieu eſt plus éclatante dans le Soleil que dans vne Eſtoile. D'ailleurs, SIRE, les Princes vertueux ne nient point de deuoir à leurs Eſtats ce que les Peres doiuent à leurs Enfans. Le Pere de Famille qui éleue la fortune de ſes Enfans au deſſus de la condition où il eſt né, eſt le iuſte ſuiet des loüanges de l'Oeconomie, & le Roy qui aioûte à ſon Eſtat de nouuelles Prouinces, merite toutes celles de la Politique : On le met au rang des Heros. Vous auez commencé, SIRE, à rendre par vos Conqueſtes à la Monarchie Françoiſe, ſon ancienne étenduë ; Et par vos ſages Conſeils vous auez oſté à vos Côquêtes ce qu'elles auoient de violent, & effacé ce qui les rendoit terribles. Le Traitté que V. M. a fait auec le Duc Charles, pour vous aſſeurer la Lorraine, eſt vn Ouvrage digne d'vne loüange immortelle, comme il l'a eſté de vos ſoins & de vos applications. Il a tous les auantages de la Paix, & ne vous oſte rien de l'éclat de la victoire. Neantmoins, quoy que tous admirent ce grand effet de voſtre Prudence Politique, tous ne donnent pas à leur admiration la liberté de ſe produire. Les Ennemis de vôtre gloire trauaillent à infecter de leur

In multi-tudine po-puli digni-tas Regis. Prou. c. 2.

A 2

mali-

malignité les penſées des meilleurs & des plus vertueux, iuſques
dans les cœurs & dans les ames. Les puiſſances Eſtrangeres eſtant
trop foibles pour arreſter le torrent de vos proſperitez, leur reſi-
ſtent du moins par leur enuie & par leur chagrin : Ce ſont les Armes impuiſſantes que les Victorieux n'arrachent iamais aux Vaincus. Ce qui ne s'accommode pas auecque leurs intereſts, leur
ſemble choquer la iuſtice ; & ces ſecrets Ennemis ne voudroient
pas que le Duc Charles euſt pû ce qu'ils auroient voulu pouuoir
luy diſſuader. La Raiſon d'Eſtat qui n'eſt pas moins differente de
la Raiſon commune, que le Gouuernement du Corps Politique l'eſt
de celuy des Corps Naturels, doit decider cette queſtion. Son vni-
que fin eſt la felicité & la Gloire Publique. Tous les Magiſtrats,
quelque ſplendeur qui les enuironne, obeiſſent à la Souueraineté
du Prince ; & toutes les Loix, pour ſaintes qu'elles ſoient, ceſſe-
roient de l'eſtre, ſi elles ceſſoient d'obeïr à la Souueraineté de cette
Loy ſacrée & inuiolable. Ce qu'elle authoriſe & ce qu'elle ap-
prouue l'eſt toûiours par les autres, qui n'ons d'authorité que ce
qu'elle leur en preſte. Vous auez ſuiuy les mouuemens de cette
Raiſon Politique lors que vous vous eſtes propoſé, SIRE, de reünir
au corps de voſtre Royaume des Membres qui en auoient eſté
détachez depuis tant de Siecles. Le Duc Charles a rendu à voſtre
Couronne ce qui eſt à elle ; il vous a cedé vne proprieté qu'il ne
pouuoit iamais acquerir. Ses Predeceſſeurs s'eſtoient fait vn Eſtat
de l'vn des Membres du Corps de voſtre Eſtat, & vne Couronne
de l'vn des Fleurons de la voſtre. Vne vſurpation ſi viſible eſtoit
ſon Titre, & le Droit Public s'oppoſoit à tous les artifices que l'on
mettoit en vſage pour la faire paſſer en la nature de la legitime
poſſeſſion. Il eſtoit impoſſible qu'il eût plus de droit que ſes
Autheurs : Dans la Politique de meſme que dans la Nature, les
branches reçoiuent de leur tronc & de leurs racines ce qu'elles ont
de vie & de vigueur. En vain, ils ont oſé publier que le Duché de
Lorraine eſt vn Fief de l'Empire, & qu'ils ſont le vray ſang de
Charlemagne. Il eſt aiſé de faire voir que s'ils ont paſſé le Rhin &
porté à l'Allemagne vn droit qu'elle n'auoit point, ce n'a eſté que
pour meriter ſa protection en ſe donnant à elle : Et s'ils ont pe-
netré dans le Sanctuaire de voſtre auguſte origine, ce n'a eſté que
pour fortifier vne iniuſtice effectiue par vne imaginatiõ fabuleuſe.

Ils

Ils ont eſperé de perſuader aux Peuples de ne trouuer pas eſtrange
que les Enfans de Charlemagne poſſedaſſent vne partie de ſon
Eſtat, & à V. M. de ne point exercer rigoureuſement contr'eux tous
les droits d'vne Couronne qui a eſté ſur la teſte de leur Ayeuls. Ces
deux points, SIRE, ont toũiours eſté le fondement de leur poſſeſſion, ou pour mieux dire l'excuſe de leur vſurpation. Mais ie pretens
en tirer la preuue de la iuſtice de ce Traitté qui vient de couronner
tous les auantages que vos Armes vous ont donnez.

I.

CLODION ſecond Roy des François, commença la Conqueſte
des Gaules, & les Enfans de Clouis l'acheuerent. Elles furent
diuiſees alors en deux parties: Celle qui eût pour limites le Rhin,
l'Eſcaut & la Meuſe, fut appellee Oſterreich, & l'autre Vveſtreich.
Ny l'vne ny l'autre n'ayant pas long-temps gardé la pureté de ſon
Nom, celuy d'Oſterreich fut corrompu en celuy d'Auſtraſie & d'
Auſtriche; & de celuy de Vveſtreich on fit Veſtraſie & Neuſtrie.
L'Auſtraſie fut le Royaume de Thierry, dans le partage de l'Eſtat
de Clouis, & Mets en fut la Ville Capitale. Elle comprenoit tous
les Païs-Bas, la Lorraine, & l'Alſace. La premiere Race des Rois
vos Predeceſſeurs, SIRE, l'ayant paiſiblement poſſedée durant
ccc. xxxi. an, la ſeconde ne fut troublée dans cette poſſeſſion
qu'apres la mort de l'Empereur Louïs le Begue. Lothaire fils de
l'Empereur Lothaire, luy donna ſon nom en celuy de Loterreich,
qui eſt l'origine de ceux de Lothier, de Lotraine, de Lorehaine, &
de Lorraine. Enfin elle fut partagée entre Charles le Chaune &
Louïs Roy de Germanie, ſon Frere, l'An dccc. lxxv. Ce qui fut
donné à Louïs fut apellé la Baſſe Lorraine, & le Duché des Riſpuai-
res, & ce qui reſta à Charles fut la Haute Lorraine, & eut encore
le nom de Duché de Moſellane, à cauſe que la Moſelle perçoit
preſque toutes ſes Prouinces. Cinq Dioceſes compoſoient principalement la Baſſe Lorraine; ce ſont ceux de Cologne, d'Vtrech, du
Liege, de Cambray & de Tournay; comme ceux de Treues, de
Straſbourg, de Mets, de Verdun, & de Toul, compoſoient l'autre.
Aixla-Chappelle fut la Ville Capitale de celle-là, & Mets le fut de
celle-cy. Toutes deux conſeruerent le nom de Duché, & quand les
Rois d'Allemagne eurent vſurpé la Haute Lorraine, tout ce Corps

338.

875.

Dauid.
Blondell.
Geneal.
Franc.
Tom. 2.f.
268.

A 3

eût

958.

eût le Titre d'Archiduché, dont Brunon, Archeuefque de Cologne, fut l'Autheur, enuiron l'An DCCCC. LVIII. comme il le fut auſſi du Duché du Moſellane. Loüis de Germanie eſtant mort, Loüis l'aiſné de ſes Fils, luy ſucceda en la baſſe Lorraine. Comme c'etoit vn Prince ambitieux il contraignit Loüis & Carloman, Fils naturels de Loüis le Begue, & vſurpateurs de ſa Couronne, de luy donner encore la Haute Lorraine. Iamais cette Monarchie n'a ſouffert d'auſſi horrible coufuſion que celle qui ſuiuit la mort de Loüis le Begue. Boſon, Gendre de Loüis, Empereur & Roy d'Italie; Rodolphe, Fils de Conrad; & Guy, Duc de Spolette, pretendoient à ſa ſucceſſion, de meſme que Loüis & Carloman. Mais l'indignation que conceurent contre Boſon les Grands de l'Eſtat, apres qu'il eût eſté declaré Roy, dans le Palais de Mantaille, aupres de Vienne,

Hiſt. de Dauph. liu. 10. ſ.8.
Reginon les appelle Degeneres lib. 2. ad Ann. 879.

mit la Couronne ſur la teſte de Loüis & de Carloman, que la iuſtice en auroit dû faire tomber. La Reine Adelaïs eſtoit accouchée de Charles apres la mort de Louis le Begue, & nul que ce Poſthume n'eſtoit le Roy. Son âge & les factions furent neantmoins vn obſtacle au droit de ſa naiſſance, & ſous le Regne d'vn ſeul la France vit pluſieurs Rois. Loüis & Carloman; Charles le Gras; Robert, Eudes, & Raoul, vſurperent la Souueraine authorité durant ſon Regne. Il n'eſtoit âgé que de douze ans quand il fut ſacré Roy, & n'en auoit que dix-ſept quand Eudes mourut. Quel moyen de ſe perſuader que ces Tyrans & ces vſurpateurs ayans traitté auec les Rois de Germanie, ayent rien pû conclurre auec eux qui ait obligé Charles? En effet, d'abord qu'il ſe crût aſſez raffermy dans ſon Eſtat, il porta ſes Armes dans la Lorraine. Apres la mort d'Arnoul il la poſſeda ſi abſolument, qu'il luy donna pour Gouuerneür Gislebert, Fils du Comte, Renier, qui l'auoit vtilement ſeruy. Ce qui fauoriſoit l'uſurpation de ces Princes, qui regnoiens en Allemagne, c'eſt qu'ils eſtoient du meſme ſang que les Rois de France: Mais Loüis Fils d'Arnoul, eſtant mort apres luy ſans Enfans, ce pretexte ceſſoit. Neantmoins, Henry l'Oiſeleur, Succeſſeur de Conrad, qui l'auoit eſté de Louis, ne laiſſa pas de pretendre à la Lorraine, mais il n'avoit ny Titre ny fondement pour appuyer ſes

Flodoard. Continuator Rheg.

pretenſions. Charles, qui merita deſſors d'eſtre appellé le Simple, luy accorda tout ce qu'il voulut, pour tirer quelque ſecours de luy côtre Robert. Henry s'accommoda en ſuite auec Gislebert, & le fit

ſon

ſon Beaufrere, pour en faire ſon Suiet. Mais apres la mort de Charles le Simple, Louïs IV. ſon Fils & ſon Succeſſeur, remit la Lorraine
ſous ſon obeïſſance, & rappella le Duc Gislebert à ſon deuoir. Il
fut neantmoins contraint de l'abandonner incontinent apres l'u-
ſurpation d'Othon le Grand. Ce Prince, auſſi Politique que
Guerrier, ſe l'aſſeura en la donnant. Iugeant par la connoiſſance
de ſon peu de droit, des difficultez qu'il auroit à ſe la conſeruer, il
engagea tous les Prelats à la deffenſe de ſes intereſts, en les leur
rendant communs. Il leur donna des Villes & des Territoires, ſur
leſquels il ne ſe reſerua que la Souueraineté, Il leur fit tomber ainſi
des mains les Armes qu'ils prenoient ſouuent pour les Rois de
France, leurs legitimes Princes. Ce bien-fait fit tant d'impreſſion
ſur eux, que d'abord ils deuinrent Allemans, comme l'eſtoit leur
bienfaicteur. Il leur fut liberal du bien du Roy de France, pour les
luy oſter ; & leur donna des Prouinces de l'Eſtat François, pour les
attacher aux intereſts de celuy d'Allemagne. Les Princes ne font
iamais de ſi promptes ny de ſi durables Conqueſtes par leurs Armes, comme ils en font par leurs bien-faits.

II.

QVoy que le Regne de Lothaire, qui ſucceda à Louïs, ne fut pas
accompagné de plus de bon-heur que celuy de ſon Pere, il
témoigna plus de reſſentiment de cette perte. La Haute Lorraine
eſtoit poſſedée par Frideric d'Alſace, qui par ſa ſageſſe l'auoit miſe
à couuert des deſſeins de Lothaire. Ce Prince en effet tourna
toutes ſes penſées vers la baſſe Lorraine ; & Othon II. pour diuer-
tir l'orage qui le menaçoit, en fit vn preſent à Charles, Frere de
Lothaire. Ce Prince fut aſſez facile pour la receuoir des mains de
l'Ennemy de ſon Païs, & aſſez inconſideré pour s'en declarer le
Vaſſal. Ce fut pour luy qu'elle fut erigée en Duché l'An DCCCC.
LXXVII. Mais Lothaire pour tirer vengeance de cette iniure, que
ſon Frere & ſon Ennemy luy auoient faite, arma ſi puiſſamment
qu'il ſe rendit bien-toſt le Maiſtre de l'vné & de l'autre. Toutefois
ce que la Guerre luy auoit donné, vne Conference qu'il eut trois
ans apres auec Othon, le luy oſta. On fit goûter à Lothaire, pour
terminer ces differents, qui auoient déia cauſé tant de maux, de ne
pas diſputer à Othon ſa poſſeſſion ; & à Othon, de ne pas diſputer à

Lothai-

Fodoard,
Sigebert.
Regin. ad
Ann. 939.

Guil. de
Nangis.
Sigebert.

977.

Sigebert,
ad An 978.
Guill. de
Nangis.
Aimo in
l. 5. c. 44.
Gerbert.
Ep. 35.

Lothaire ſa Souueraineté. La concluſion de cette Conference fut
qu'Othon reconnut de tenir la Lorraine en Fief de la Couronne
de France, & *In Regis Francorum Clientelâ*, comme parle Gerbert,
qui fut depuis esleué à la Papauté ſous le nom de Siluestre II. Ce
Traitté affermit Charles dans la poſſeſſion de la Baſſe Lorraine,&
Frideric dans celle de la Haute.Mais ce ne fut pas pour long-temps.
Othon eſtant mort en Italie,Lotaire rentra dans la Haute Lorraine
à la teſte d'vne Armée. Il s'en rendit le Maiſtre,nul n'ayant oſé luy
reſiſter, à la reſerue de Godefroy,Comte de Verdun,qui fut chaſtié
de ſa temerité. La Mort ne luy permit pas de iouir long-temps du
fruit de ſa Victoire ; & Louïs ſon Fils ne le ſuruécut que d'vne
Année. Charles ne leur ſucceda point, encore qu'il fut leur plus
proche. La Lorraine luy cauſa la perte de la Couronne & celle de
la vie : Mais perdre la vie apres auoir perdu vn Royaume,c'eſt vne

Bouchet.   conſolation. Hugues Capet,qui décendoit de Childebrand, Frere
Dauid   de Charles Martel,ſucceda à Loïs. Il fut trop occupé dans ſa Mai-
Blondell.   ſon pour porter ſes penſées au dehors ; & d'ailleurs,les Gouuerne-
mens, qui auoient commencé à deuenir hereditaires dans les Familles, dés le Regne de Charles le Simple ; n'auoient plus d'autre
qualité, ny en France ny en Allemagne. Comme les Rois d'Allemagne ceſſerent de s'intereſſer en ce qui regardoit la Lorraine,
les Roys de France n'eurent plus la meſme ardeur. Durant plus de
trois cent cinquante ans, apres la mort d'Othon III. ceux-là n'ont
exigé ny reconnoiſſance ny deuoir des Ducs de Lorraine. Apres la
Bataille de Poitiers, qui auoit rendu le Roy Iean priſonnier des
Anglois,Charles IV.Empereur d'Allemagne,conuoquâ vneDiette
I. Iac.   dans la Ville de Mets,comme dans vne Ville Imperiale. Il y eri-
Chi ſt. in   gea le Comté de Pont-à-Mouſſon en Marquiſat, & y fit quelques
Commét- autres Actes de pure Souueraineté ſur la Lorraine. Si Iean eût
Loth. c. 3. eſté moins mal-heureux, Charles auroit eſté plus re-
tenu. Neantmoins Iean repondit à ces Actes par vn ſeul
incomparablement plus éclatant. Il erigea le Comté de Bar en
Duché : & le Duc Iean n'ayant pas encore atteint l'âge preſcrit par
le Droit Commun, pour auoir la conduite libre de ſon bien, recou-
rut au Roy,qui l'en diſpenſa. Le prince qui diſpenſe de la Loy,ne
ſçauroit mieux monſtrer qu'il a le droit d'en impoſer, ny mieux
prouuer ſa Souueraineté ſur celuy qu'il en diſpenſe. L'An
M.D.XLIII. l'Empereur,les Electeurs, & les Membres de l'Empire,

recon-

reconnurent dans la Diette de Nuremberg que la Lorraine eſtoit
vn Eſtat libre, indépendant, incorporable, & exempt de la iuriſdi-
ction & des contributions de l'Empire. Il en fut fait vn Contract
authentique & ce Contract eſt vne preuue auſſi forte que ſo-
lemnelle, que l'Empire d'Allemagne n'a point auiourd'hui de
droit de Souueraineté ſur le Duché de Lorraine : comme ces ob-
ſeruations en ſont vne auſſi brillante qu'infaillible, qu'il n'en a
iamais eu de legitime.

III.

MAis, SIRE, c'eſt trop abuſer de l'Auguſte Titre de l'Empire.
Le porter au de là du Rhin c'eſt l'enuoyer en exil. Vous eſtes
le ſeul Empereur des Chreſtiens, comme vous eſtes le ſeul heritier
de Charlemagne. Ces deux qualitez ſont inſeparables, & vous ne
pouuez en garder l'une & renoncer à l'autre. Il falloit vne vertu comme celle de Charlemagne, pour rendre la vie à l'Empire
Romain, quatre cens ans apres ſon aneantiſſement. Il fut declaré Empereur libre, Souuerain, & independant ; & l'Orient meſme
conſentit à la gloire de cette prodigieuſe lumiere, qui ſe leuoit du
coſté d'Occident. Cette Souueraine Dignité fut deslors ſon bien
propre : ce qui eſt donné ſans condition eſt toûiours tranſmiſſible.
L'Empire Romain deuint ainſi hereditaire dans ſa Maiſon, & le
droit de ſes Succeſſeurs legitimes. Il en diſpoſa en effet, & Louïs
le Debonnaire qui le receut de ſes mains, ayant le meſme droit eut
la meſme liberté. Les Papes ne témoignerent pas de deſaprouuer
ce que ces Princes auoient Ordonné : nulle Puiſſance Chreſtienne
ne mit leur Droit en doute. Apres la Bataille de Fontenay, l'Empire
entra dans le partage de la Monarchie Françoiſe, entre les Enfans
de Louïs. Lothaire à qui il écheut, le laiſſa à Louïs ſon ſecond Fils.
Louïs, qui fut le ſecond Empereur de ce Nom, eſtant mort ſans
Enfans maſles, Charles le Chauue, ſon Oncle, qui ſe pretendoit
ſon legitime Succeſſeur, prit d'abord le Titre d'Empereur ; qu'il
laiſſa à Louïs le Begue ſon Fils, comme un Droit hereditaire. Si
celuy-cy eût eu en mourant vn Succeſſeur capable de Regner, nul
ne luy auroit diſputé l'Empire, non plus que le Royaume. Comme
Louïs & Carloman vſurpérent le Royaume, Charles le Gras vſurpa
l'Empire, qu'il laiſſa à Arnoul. L'vn & l'autre eſtoient du Sang de

B

Char-

Charlemagne, & l'éclat de leur Naissance couurit le vice de leur vsurpation. Mais apres leur mort, l'Empire, leurs Terres, & leurs Biens, ont deu venir à vos Predeçesseurs, SIRE, comme à leurs legitimes & necessaires Heritiers. La Loy Salique ne souffroit pas qu'ils en eussent d'autres. Conrad, Othon le Grand, & ses Successeurs, n'ayant pas droit de demander cét Honneur, il n'a pû leur estre accordé auecque iustice. L'Or de la Couronne Imperiale estant confondu auec celuy de la Couronne Royale des François, quel moyen ya-t'il eu de les separer?

IV.

QVELLE apparence que le Siege de l'Empire Romain ait pû estre porté, où mesme les Romains n'ont pas Regné : Qu'il soit hors de ses limites ? Quel iugement feroit-on d'vn Prince d'Italie, qui voudroit persuader qu'il est l'Archiduc d'Austriche? que son Pais est éloigné de trois cens lieuës de son Païs? Si ce Droit ne peut subsister sans le secours de cette fiction, il est sans doute vne chimere. Et certes, comme il est l'ouurage des desordres publics, il est l'Idole de l'Ignorance grossiere. Aussi les Empereurs d'Allemagne les plus iudicieux, se sont fait Couronner par les Papes, pour donner vne reéle existence à ce droit imaginaire Pour le rendre solide, ils ont tâché de le rendre sacré. Mais les Souuerains Pontifes n'ont pas offensé voftre droit, SIRE, il n'est pas à croire qu'ils en ayent eu la pensée. S'ils ont Couronné ces Princes, ce n'a pas esté de la Couronne Imperiale de Charlemagne. Depuis que de Rome elle passa les Alpes, sur la Teste de ce Grand Monarque, nul de ses Successeurs ne l'a renuoyée en Italie, ou enuoyée en Allemagne. Aussi les Historiens qui ont écrit auant le Regne de Charles IV. ne donnent à ces Empereurs aucuns auantages sur les Rois de France. Reginon ne les nomme

iamais que Rois : Conrad, Abbé d'Vsperg ; Lambert de Schafnabourg, & Othon de Frisinghen, les nomment rarement Empereurs. Comme l'Homme est la mesure de toutes choses, au iugement des Philosophes, les Honneurs des Rois de France, qui sont entre les Rois la plus haute esleuation de la Dignité, sont la mesure de tous les Honneurs. Ils se contentoient d'estre appellez Rois; on ne douta point que l'ambition de ces Princes ne deût estre satisfaite, s'ils estoient appellez Rois comme eux.

V. Et

V.

ET certes durât plus de trois cens Ans, nul Empereur n'a difputé Regino ad An. 924. aux Rois de France la primauté de la preeminence. L'abbé Reginô parlant de la Conferêce de Charles le Simple auec Henry l'Oiſeleur, nommé Charles le premier: Il rend ce reſpect à la Dignité de Roy de France, non au merite de la perſonne qui n'auoit point d'éleuation ſur le commun. Dans le Traitté fait alors entre ces deux Miræus Not. Eccl. Belgic. cap. 61. Princes, le meſme ordre eſt obſerué ; Henry n'y eſt nommé qu'apres Charles. Celuy-cy y a la qualité de Roy des François Occidentaux, & Henry celle de Roy des François Orientaux. C'eſt ce Henry, qui ayant ſuccedé à Othon, a ébranlé auec plus de iugement, & par conſequent auec plus de force, que nul de ſes Predeceſſeurs, le droit de la Souueraineté de la France ſur 1026. la Lorraine, pour y affermir la ſienne. Henry II. Succeſſeur d'Othon III. ayant de meſme fait conſentir l'An M. XXVI. Le Roy Robert, petit Fils de Hugues Capet, à vne Conference auecque luy, ne conteſta pas ſur ce Point. On ſçait qu'en ces occaſions l'Inferieur eſt obligé d'aller trouuer celuy qui eſt en vn plus haut degré. Henry, qui n'ignoroit pas les reſpects qui ſont deûs à la Couronne de France, par toutes celles de la Chreſtienté, rendit cét honneur à Robert. Si l'Empire eſtoit la premiere dignité du Monde, Henry luy auroit-il fait cette iniure? Ce n'eſt que depuis le regne de Char- 1347. les IV. qui ſucceda Loüis de Bauieres l'An M. CCC. XLVII. que les Empereurs d'Allemagne ont tâché de s'éleuer iuſqu'où ils ſont en fin montez. Ce Prince regna pendant les cruels Symptomes que ſouffrit cette Monarchie apres la priſe du Roy Iean, & ſon Regne fut de quarante ans. La foibleſſe où eſtoit cét Eſtat, par la perte de tant de ſang qu'il auoit répandu; & vn Regne ſi long & ſi paiſible, faciliterent à ſon ambition les moyens de reüſſir en tout ce qu'elle entreprit. Il aſſeüra à l'Allemagne, par la Bulle d'Or qui 1356. porte ſon Nom, conceuë en la Diette de Nuremberg, l'An M. CCC. Dau. Blôd. Tom. 2. LVI. l'Empire, & la Souueraineté qu'elle pretendoit auoir. Il fit in Barro- dreſſer vn denôbrement de tous les Eſtats & de toutes les Prouin- Capano- ces qu'il ſuppoſoit dépendre de l'Empire, pour en côpoſer le Corps. Franc. 2. Il luy donna le Nom de Matricule de l'Empire, & auant luy on n'a- Iac. Lamp. uoit oüy parler de rien de ſemblable. Ses Succeſſeurs y ont depuis De Repub. Romano- retouché ſouuent: De ſorte que comme on en produiſoit pluſieurs, Germaniö. & que l'on n'eſtoit pas certain à laquelle il falloit principalement Part 3 c. 3.

B 2

adiûadioûter foy, il en fut fait vne nouuelle en la Diette de Vvormes de l'An M.D.XXI. On y a compris des Estats & des Princes qui ne dépendent nullement de l'Empire d'Allemagne, & la Lorraine est de ce nombre. On n'a pas consulté la verité quand on l'a faite. On a tout donné à l'ambition & à l'ostentation. C'est pourquoy les Iurisconsultes les plus passionnez pour la gloire du Royaume d'Allemagne, auoüent que cette derniere Matricule, non plus que les autres, ne fait pas vne preuue entiere & parfaite contre les Princes qui y sont nommez, mais seulement quelque sorte de presomption. Si Charles fut assez ambitieux pour desirer de s'éleuer au dessus des Rois de France, il fut assez iudicieux pourne le point témoigner. C'est l'ordinaire que le Prince qui reçoit vn Estranger dans son Estat, ne s'attache pas étroitement à son droit dans les ciuilitez qu'il est obligé de luy rendre. Cét Empereur estant venu en France 'An M.CCC.LXXVII, Charles V. qui regnoit alors, relâcha de mesme de son droit pour l'honorer. S'il s'y fut attaché il l'auroit precedé en toutes choses, au lieu qu'il l'égala à soy en plusieurs. En d'autres il affecta de faire connoistre à ce Prince que la Dignité d'Empereur d'Allemagne doit ceder à celle de Roy de France. On ne luy presenta point le Poële; on ne sonna pas les Cloches à son Entrée dans les Villes qui estoient sur la Frontiere; & lors qu'il entra dans celle de Paris le Roy prit le milieu entre luy & Vuenceslas, Roy des Romains. Cette place, en ces occasions, est la plus Noble. L'Empereur Conrad entra dans la Ville de Rome, entre Rodolphe Roy de Vienne & de Bourgogne, & Canut Roy d'Angleterre, qui l'accompagnoient. Le mesme ordre fut suiuy quand il alla à l'Eglise où il deuoit estre sacré Empereur, & quand il en sortit apres l'auoir esté. Le plus grand éclat de cette Pompe, fut de le voir marcher vestu des Ornemens Imperiaux, & ayant la Couronne sur la Teste, au milieu de ces deux Rois, qui estoient à ses costez. Le Roy proceda ainsi en cette occasion si celebre, pour ne pas donner cét auantage aux Empereurs d'Allemagne; desupposer que ce qui n'auroit alors esté accordé qu'à la ciuilité, l'eût esté au deüoir. La Maison d'Austriche a porté sur le Trône d'Allemagne des pesées d'vne ambition aussi déraisonnable que démesurée. Elle le possede depuis CC.XXVII. ans, *au grand peril de la liberté Germanique*, comme parle le Iurisconsulte Lampadius, & le

bon-

1521.

Christoph.
Besold.
Tract. Iu
ris Public.
p. 3. cap. 5.
Io. Vurm-
ser. Exerc.
Academic.
Exercit 1.
q. 16. & in
corollar.
1377.

Hist. de
Dauph.
liu. 10. c. 20.
Theod.
Godefroy
n'a pas fait
assez de re-
flexiõ à ce
qu'il écrit
dans le Ce-
remonial
de France
Tom. 2.
f. 711.
Iac. Lam-
padius de
Rep. Ro-
mano-
Germ.
Part.
227.

bon-heur qui accompagne depuis ſi long-temps ſes deſſeins, luy
en faiſoit conceuoir qui n'auroient pû qu'eſtre funeſtes à la France, ſi la Vertu n'eût ſurmonté la Fortune. Vous auez repouſſé ce
Torrent vers ſa ſource, SIRE, il a regorgé ſur les bords qu'il a noyez
de ſang, & n'a point inondé vos Terres, vers leſquelles il s'em-
portoit d'vn cours precipité. Cette Puiſſance autrefois ſi redou-
table ne peut rien oppoſer auiourd'huy aux droits de voſtre Couronne, qui ne monſtre plus de vanité que de force. Cet Empire eſt
depuis long-temps, au iugement de Petrarque, *non vne matiere de* F. Petrach.
joye, mais vne preuue de la fragilité Humaine, & de l'inconſtance de la de remed.
Fortune. Le voſtre, au contraire, SIRE, a toûiours conſerué ſa vſufruct.
Dignité, & par vous il recouure ſa force. L'vne l'vnit inſeparable- l. 1. Dial 93.
ment auecque l'Empire Romain, & l'autre fait que nul Prince que
vous ne peut dignement porter le Tiltre d'*Empereur des Romains.*

VI.

LA Monarchie Françoiſe ayant releué & r'animé l'Empire Romain, il en eſt inſeparable. C'eſt de cet Empire, & non de
celuy d'Allemagne, que la Lorraine dépend. Les Ducs qui l'ont
poſſedée iuſques a maintenant, ont tâché par cette raiſon, SIRE, de
perſuader qu'ils ſont ſortis de voſtre Auguſte Maiſon. Ils ont com-
battu ſouuent les intereſts des Rois de France, en ſe ioignant à ceux
des Rois d'Allemagne : Ils cherchent neantmoins l'appuy des
leurs chez les Rois de France. Ne peut-on pas dire qu'ils ont imité
ces Plantes qui offenſent les Arbres auſquels elles s'attachent pour
s'esleuer. Les grandes Riuieres n'ont qu'vne ſource, mais elles
entrent dans la Mer par pluſieurs bouches. Les Grandes Familles
né peuuent auoir qu'vne origine, quoy qu'elles rempliſſent là
Terre des fruits de leur fecondité & de l'éclat de leur Gloire. Tou-
tesfois, les Ducs de Lorraine ont ſuppoſé qu'ils ſortent de la Maiſon
de France par trois canaux differens. Quelle verité peut Vaſſeburg
s'accommoder auec vne ſi eſtrange ſuppoſition ? Durant long- des Antiq.
temps ils ont feint de croire qu'vn des Fils de Merouée eſtoit le de la Gaule
Tige de leur Race : Apres ils ont publié que c'eſtoit Charles, Duc Belg. liu. 2.
de la Baſſe Lorraine, Frere du Roy Lothaire; Et en fin deſauoüants Roſer. Sié-
& Merouée & Charles, ils ont reconnu Conrad, Duc de Franco- mat. Lo-
nie, & luy ont donné l'Empereur Arnoul pour Pere. La premiere tharing.
opinion eût vn ſi mauuais ſuccez, que ceux qui la propoſerent Tō. 3. c. 43.
44. & Tō
B 3 paſſe- 4. c. 60.

passerent d'abord pour Ignorans en l'Ancienne Histoire: La seconde n'acquît pas plus de loüange à ses Autheurs; Elle estoit moins esloignée de la vraysemblance, mais elle ne l'estoit pas moins de la verité. Charles, qui mourut prisonnier de Hugues Capet, n'eût que quatre Enfans qui luy survêcussent: ce furent deux Fils & deux Filles. Les Fils furent Othon & Loüis, & les Filles Ermengarde & Gerberge. Othon mourut sans Enfans l'An M. V. Loüis fut le Tige des premiers Landgraues de Turinge, & sa Race finit l'An M. CC. XLVII. Ermengarde espousa Albert Comte de Namur, & Gerberge Lambert, Comte de Louuain. De sorte que les Ducs de Lorraine ne peuuent entrer ny par les vns ny par les autres, dans la Maison de Charlemagne. Ils le peuuent encore moins par le moyen de Conrad. Arnoul, Fils naturel de Carloman, Duc de Bauieres, merita tous les auantages que les legitimes auroient eus, si Carloman en auoit laissez. Il n'y auoit rien alors dans les Descendans de Charlemagne, que les grandes Vertus de ce Heros ne desauoüassent. Arnoul seul, quoy que Bastard, fut la plus vraye & la plus legitime expression des grandes qualitez de ce Monarque si celebre. Il en soûtint auec honneur, durant son Regne, la Dignité & la reputation: & sa Naissance douteuse ne fit pas que l'on doutât que les honneurs dont il fut comblé ne luy fussent deûs. Loüis son Fils luy succeda, mais il mourut ieune & sans Enfans, & auec luy fut enseuelie, comme le remarquent tous les Historiens Contemporains, la Branche de la Race des Carlouingiens, qui auoient Regné dans l'Allemagne. Neantmoins de peu fidelles Escriuains osent donner, pour Frere à ce Prince, Conrad, Duc de Franconie, qu'ils font Pere de Conrad, Empereur d'Allemagne, & d'Euerard, Duc de Vvormes. Ils adioûtent qu'Euerard, fut Pere de Sitfrid, qui le fut d'Adolphe; comme Adolphe le fut de Renaut; Renaut d'Eustache, Comte de Bologne; & celuycy de Guillaume, & du fameux Godefroy de Boüillon. Ils pretendent que les Ducs de Lorraine viennent en ligne directe masculine de ce Guillaume, & par ce moyen de Charlemagne. Cette Fable a déia esté refutée, & ie n'ay qu'à marcher sur les pas de ceux qui l'ont détruite. Quel moyen que Conrad Duc de Franconie, ait esté Fils d'Arnoul, qui n'auoit point encore d'Enfans legitimes l'An DCCC. LXXXIX. Loüis luy nâquit quatre Ans apres, & luy succeda agé seulement de sept

ans,

1005.
Dauid.
Blondell.
Tom. 2.
f. 250,

Loüis
Châtereau
le Feure,
en ses Memoires sur
l'Origine
de la Maison de
Lorraine
liu. 2.
879.

ans, l'An DCCC. LXXXXIX. Si Conrad auoit esté Fils d'Arnoul, il
n'auroit esté alors qu'vn Enfant, & peuteftre auroit-il esté dans le
berceau. La succession accordée à Loüis, prouue qu'il auroit esté
son aifné.   Mais le Duc Conrad fut vn des Deputez qu'Arnoul
enuoya la derniere année de fa vie, à la Conference de Goare, auec
ceux de Charles le Simple. Conrad, Fils de ce Duc, fucceda à Loüis
Fils d'Arnoul, l'An DCCC. XII. & tous les Hiftoriens font cette
remarque, qu'il eftoit vn grand Capitaine, & vn Homme côfommé
dans les Affaires, Le Duc Conrad, s'il auoit efté Fils d'Arnould,
n'auroit efté en ce temps-là âgé que d'enuiron dix-huit ans: Son
Fils, esleué à la fucceffion de Loüis, ne l'auroit efté que de quatre,
n'eftant pas vne chofe ordinaire que les Hommes engendrent
qu'apres quatorze ans.   Où auroit donc efté ce grand Capitaine &
cet excellent Politique dont le merite eftoit fi éclatant, & les Vertus
fi celebres ? D'ailleurs, Sitfrid fut vn Danois qui exerça fur luy-
mefme la vengeance que luy preparoit Arnoul le Viel, Comte de
Flandres, dont il auoit forcé & violé la Fille. Adolphe fon Fils, &
de cette Princeffe, merita l'affection des Parens de fa Mere, par fes
excellentes qualitéz, comme fon Pere auoit merité leur haine par
fa brutalité. Ils luy procurerent le Comté de Bologne, en luy fai-
fant efpoufer Mathilde, qui en eftoit l'heritiere. Et de luy & de
Mathilde vinrent les Comtes de Bologne. Euftache fut vn de leurs
Succeffeurs: Ide, Fille de Godefroy le Hardy, Duc de la Baffe
Lorraine, fut fa femme, & il n'en eut que trois Fils : ce furent
Godefroy de Boüillon, Euftache & Baudoüin. Godefroy le Boffu,
Duc de la Baffe Lorraine, & Comte d'Ardenne, & de Boüillon, infti-
tua Godefroy, ce fameux Conquerant de la Terre Sainte, fon He-
ritiér. Ce fut pourquoy il prit le Tittre de Boüillon, que d'autres
croyent n'eftre que la corruption du Nom de Bologne. Euftache
fut Comte de Bologne apres fon Pere; & Baudoüin, Roy de Hie-
rufalem, apres Godefroy de Boüillon. Guillaume, que l'on fuppofe
auoir efté leur Frere, & l'Adminiftrateur des Terres de Godefroy de
Boüillon, pendant fon abfence en Afie, eft vn Nom fuppofé. On le
donne pour Pere à Theodoric, Duc de la Haute Lorraine; mais il
eft vray que Simon I. fut Pere de ce Theodoric. C'eft de ces an-
ciens Ducs de la Haute Lorraine que le Duc Charles tire fon Origine, & non de ceux de la Baffe Lorraine. Il ne faut pas d'autre
re-

899.

Reginô ad
Ann. 899.

912.
Luitprād.
Hift. l. 2.
c. 7.

Io. Iac.
Chiffl,
Tom.1.f.
338. & 341.
Dau.Blôd.
Tom.1. ad
Fin. Tom.
2. f.271. &
in Tabulis
Genealo-
gicis Tab.
37. & 94.

reflexion pour prouuer l'ignorance & la mauuaise foy des Autheurs de cette Fable. La Maison d'Alsace est la vraye Origine de celle de Lorraine. Elle estoit si Illustre qu'elle auoit déia sous la premiere Race des Rois de France, vne esleuation qui en laissoit peu d'autres au dessus d'elle. Il est peu de Souuerains qui puissent remonter aussi haut vers leur Source, que les Ducs de Lorraine, & ne point faire de rencontre qui abatte leur vanité. Mais quelque Noble, Grande, & Illustre que soit l'origine des Ducs de Lorraine ; le Domaine de vostre Couronne ne leur a pas deû estre moins sacré qu'au reste des Hommes. Les Titres qui prouuent leur Noblesse, n'en sont pas de legitimes à leur possession.

VII.

VOs Predecesseurs, SIRE, n'ont pas eu la liberté de deschirer le Corps de vostre Estat, non plus que de briser vostre Couronne. Les Puissances Souueraines peuvent tout, à la reserue de se détruire elles-mesmes. Cette impuissance est le fondement de leur Grandeur, & le soûtien de leur Gloire. Le seul aneantissement est la limite de leur pouuoir. Le Droit Public de l'Estat veut que toutes ses parties soient necessairement inseparables. Il condamne les Alienations volontaires, & ne permet point aux inuasions de changer de Nature. Cette Loy est la protection des Couronnes indépendantes, contre la force iniuste, ou la foiblesse des Conseils. La Lorraine estant vn Membre de la Monarchie Françoise, n'a pû deuenir le Patrimoine des Descendans de Frideric. Ils n'ont pas esté plus capables de posseder, à vostre preiudice, vne partie de vostre Estat, que le tout. Si la possession de l'vne de ses Prouinces est deuenuë iuste dans leurs mains, la possession de toutes pourroit le deuenir de mesme dans celles d'vn Vsurpateur. A qui ce ne seroit pas vn crime d'arracher vn Fleuron de vostre Couronne, ce n'en seroit pas vn de l'auoir arrachée toute entiere des mains de ceux à qui elle appartient legitimement. Supposer le dernier ce seroit estre insensé ; Accorder l'autre ce n'est pas estre iudicieux. La Sagesse Politique n'admet point de prescription contre les Souuerainetez indépendantes : Comme il n'y en a iamais contre les Droits de Dieu, il n'y en a point contre ceux des Princes qui ne dépendent que de luy. A leur égard, l'iniustice n'est iamais moins blâmable en ses progrés qu'en sa naissance. Sa durée qui deuroit la rédre plus criminelle, n'en est pas l'excuse entre les Souuerains, comme elle l'est entre les particuliers. Les Rois doiuent estre l'Ame & la Source de la bonne foy : On peut mesme dire que le Souuerain est la bonne Foy animée & regnante. Cela estant, la mauuaise Foy ne peut iamais apuyer les interests des Souuerains, ny les ébranler. Les choses Saintes & Sacrées sont hors de tout commerce, & par cette raison elles ne sont pas suiettes à estre prescriptes. Est-il rien de plus Sacré, ny de plus Saint, que la Souueraineté, sans laquelle il n'y auroit rien de Sacré ny de Saint parmy les Hommes? Le Souuerain releue ses Suiets de la prescription, quand leurs Droits & leurs Actions y sont tombez, donc il en est à couuert luymesme par sa souueraine Puissance. Seroit-ce pas vne Merueille, qu'il luy fut facile de surmonter cét obstacle dans les interests particuliers, & que cela luy fut quelquefois impossible dans les interests de sa Couronne. Enfin, il est exempt de la domination des Loix Ciuiles, & par consequent il l'est de la Tyrannie de la prescription. S'il vouloit conformer sa conduite dans les choses particulieres à toutes les pensées du Droit Public, il ne seroit pas loüable : mais il le seroit encore moins, si dans les interests publics il regloit sa conduite sur les sentimens du Droit Ciuil. Il traitteroit les choses priuées comme publiques, & les publiques comme priuées. Quelle confusion, quels desordres ne rendroient pas ce Gouuernement & funeste & ridicule? Aussi dans les Estats où la Loy publique & la Coûtume Generale disposent de la succession, le Prince qui regne n'oblige point ses Successeurs. Ils ne sont pas *tenus de ses faits ny de ses promesses,* comme parlent les Formalistes & les Praticiens. Les obligations qu'il a contractées, ne luy suruiuent pas, à moins que leur cause estant auantageuse à l'Estat, ne luy suruiue aussi. On ne peut nier que l'absoluë & Souueraine volonté de la Loy de l'Estat, ne nomme les Rois dans l'Empire François. C'est elle, SIRE, qui vous a declaré Roy, & à qui vous deuez vostre Couronne. Les Rois, vos Predecesseurs, vous ont donné l'Etre Naturel, mais cette Loy vous a donné l'Etre Royal. Ils auroient pû affecter vostre Corps à des impressions ausquelles les leurs auroient esté suiets, mais ils n'ont pû assuiettir l'authorité Souueraine qu'ils vous ont transmise, à aucune impression de leur volonté, qui l'ait offensée. Ainsi la

C   Lorrai·

Io. Angel. Vuerdenhagen Synops. in Remp. Io. Bodini q. 41. lib. 1.

L. vsucapionem 9. ff. de vsurpatio. & vsuc. Roger de præscr. c. 2. n. 9.

L. alienationis. De verb. sign. l. Vurmser. Exerc. Iur. Pub. Exerc. 2. q. 20.

I. Bodin. Republ. l. 1. c. 8. f. 159.

Lorraine n'eſt pas moins vôtre que ſi vous auiez immediatement
ſuccedé à Charlemagne. Le Traitté que vous auez fait auec le Duc
Charles ne vous a point acquis de nouueau Droit; il n'eſt qu'une
reconnoiſſance de celuy que vous auiez. Vous n'auez pas acquis
la Lorraine, vous n'auez fait que la recouurer. Le Duc Charles n'a
rien donné à V. M. il n'a fait que luy rendre. Ie puis conclure ces
raiſonnemens par la penſée du Grand Iuriſconſulte Papinien ; *Que
peut-on juger qu'il vous ait laiſſé du ſien, puiſqu'il eſtoit obligé de vous
rendre tout ce qu'il a laiſſé ?*

L. Vnum de Familia §.1. ff. de legat. 2.

VIII.

VOs Armes Victorieuſes vous en auoient déia fait la reſtitution
qu'il refuſoit. Quand vous n'auriez pas eu ſur la Lorraine
vn Droit ſi ancien & ſi ſolide, la Victoire vous l'auroit donné.
Le Duc Charles s'eſtant vny à vos Ennemis, s'eſtoit obligé à n'
auoir qu'vne meſme Fortune : Quand le Droit de la Succeſſion
& celuy de voſtre Couronne auroient laiſſé entre V. M. & luy,
quelque matiere de controuerſe, celuy de la Guerre l'auroit re-
ſoluë. Ce que la Nature donne elle-meſme n'eſt pas plus legitimement acquis que ce qui s'acquiert par la Guerre ſur l'Ennemy. Si
le Duc Charles & ſes proches auoient conſenty à vôtre poſſeſſion
de la meilleure & de la plus forte maniere que l'on pût exiger d'eux,
vous auroient-ils acquis plus legitimement ce que le conſentement
preſumé de toutes les Nations, vous a donné, par les mains de la
Victoire & du Droict des Gents ? Ce Droit authoriſe les Conqueſtes dans les Guerres iuſtes, & il n'en eſt point de plus iuſtes
que celles qui arment les Souuerains contre leurs Vaſſaux ingrats
& rebelles. De maniere que ſi le Duc Charles n'auoit pas la liberté
de vous ceder auec effet vne proprieté que le droit de la Guerre
vous a acquiſe, il ſeroit plus inuincible dans la Paix qu'il ne l'a eſté
dans la Guerre. Si cela eſtoit, rien ne pourroit iuſtifier vos conqueſtes, & s'il n'eſtoit pas permis au Vaincu d'auouër ſolemnelle-
ment qu'elles ſont iuſtes, quel iugement auroit-on ſuiet d'en faire ?
L'Empereur, & le Roy d'Eſpagne n'ont pas conteſté à V. M. la
proprieté des Prouinces, des Villes, & des Territoires que le droit
des Armes vous a adiugée. Quelque éleuation que ſoit la leur ſur
le Duc Charles, ils ont ſuiet de luy porter enuie, ſi par nul Traitté il

L. naturalem §. idē quae ff. De acquir. rer. Domin. l. poſſeſſio 1. §. Domini-aque ff. de Acquirēd. aut amitt. poſſeſſ §. itē & Inſt. de rer. Diuiſ.

P. Du Puy, Traittez touchant les Droits du Roy, f. 559. & 1000.

ne

ne peut confentir à vos Conqueftes. VOSTRE MAIESTE' n'auroit
pas droit de retenir ce qu'il n'auroit pas droit de vous ceder.   Le
fruit de vos Combats dépendroit de la volonté. Le Vaincu donne-
roit ainfi la Loy au Victorieux; & eftant vray que celuy qui a le
profit de la Guerre en a l'honneur, le Duc Charles pretendroit à
cét honneur auec autant de raifon que V. M.   Quelle bizarre
Merueille eft celle-cy ? on veut égaler par des raifonnemens la dé-
faite à la Victoire.

IX.

D'AVANVAGE, la Lorraine a toûiours efté vn Eftat purément
Hereditaire & Patrimonial.   Ce n'eft point vne Loy Statu-
taire ny vne Coûtume qui luy foit propre, qui en regle la fucceffion, mais le Droit Commun. La Princeffe Nicole fucceda au Duc
Henry fon Pere, & la porta dans la Maifon des Comtes de Vaude-
mont, par fon Mariage auec le Duc Charles.   Celuy-cy n'y peut
pretendre de Droit que par elle, & par la force du mefme Droit.
Cette Princeffe n'ayant pas la liberté de defendre fes interefts, l'in-
troduction de la Loy Salique dans cét Eftat, pendant fon Mariage,
ne les a point offenfez. Ils eftoient fous la protection de fon Mary
& de fon Beau-pere : ils n'ont pû les toucher que pour les appuyer,
& non pour les ébranler. La Lorraine, quelque changement que
l'on ayt tâché d'y introduire, n'a pas changé de qualité. Telle-
ment que rien n'a empefché que le Duc Charles n'en ait difpofé
comme de fon bien propre.   C'eft vne regle du Droit Civil, que
chacun eft l'arbitre & le libre Maître da fon bien. Il auroit donc
pû vendre fes Droits fur ce Duché, & fes Proches n'auroient pas
de iufte fuiet de s'en plaindre, non plus que luy, s'ils auoient difpofé des leurs.   On a mefme douté fi les Empereurs & les Rois
abfolument & independemment Souuerains, ne peuuent point
donner leurs Eftats à d'autres que leurs Proches. Si cette diffi-
culté doit eftre vuidée par les exemples, l'Hiftoire ancienne
en fournit plufieurs qui feront la preuve qu'ils le peuuent.   La
Loy Royale a mis dans les mains des Souuerains toute l'authorité
& tout le prouuoir qu'auoient les Peuples libres.   Donc ils
ont celuy de donner à leurs Suiets tel Maître qu'ils voudront,
& d'en faire le choix, comme le Peuple l'auroit fait s'il eftoit libre. Leur volonté n'eft pas feulement la Regle & la Loy de celle

L. in re
mandata
21. C. Man-
dat.

Chriftoph.
Befoldus
Tract. Iur.
Publ. 3 c.2.
Frãc. Hot-
mã. Quæft.
Illuftr. q.1.
Vincent.
Cabotius
Difp. Iuris
Publ. &
priuat. l. 1.
c.10.14.

C 2   de

I. Vurmfer. Exercit. Academ. jur. public. Exercit. 2. c. 18.
Thomas Hobbes Du Corps Politique ch 6. & Part. 2. ch. 1.
Thomas Hobbes De Ciue c. 9. n. 13.

Vincent Cabot l. 1. c. 12.

§. 1. De alienat. feudi. in §. 1. De Benef. Fratr. Ant. Cont. de feud. c. 9. 10.
Boëtius qu 204.
Ant. Faber Cod. de iure Emphyth. def. 5. & 73.
I. Bodin. Rep. l. 1. c. 10.
C. Besold. Tract. de iure Publ. p. 5. c. 4.

de leurs Suiets, elle en eſt la ſeule volonté. La Souueraineté ne conſiſte qu'en ce ſeul Point, que la volonté du Souuerain ſoit tenuë pour la volonté de tout le Peuple en general, & de chaque Citoyen en particulier. Il repreſente tout le Corps de l'Eſtat, & en a toute *la Force, toute la Vertu, & tout le Droit.* Le Peuple n'eſt pas meſmes vn Corps different ny ſeparé de luy. De ſorte que ce que veut le Souuerain, le Peuple ne ſçauroit ne le vouloir pas; non plus qu'en vn meſme moment vn Homme ne ſçauroit & vouloir & ne vouloir point la meſme choſe. Par ces raiſons de Sçauants Hommes ont eſté perſuadez de croire que le Souuerain n'a pas ſeulement le Droit de donner ſon Eſtat, en mourant, par la voye de la diſpoſition Teſtamentaire, mais auſſi de le donner entre-vifs, ou de le vendre. Le plus grand, de meſme que le plus brillant des Priuileges de la Souueraineté, c'eſt d'être à elle meſme ſon propre Droit & ſa propre Iuſtice. Neantmoins, ce qui eſt ſuiet à conteſtation, à l'égard des Souuerainetez independantes, ne l'eſt pas à l'égard des autres. C'eſt meſme improprement que le Titre de Souueraineté eſt donné aux Principautez qui releuent d'vne Puiſſance. Celuy-là n'eſt pas dans le ſupréme degré de l'authorité, qui n'eſt pas au plus haut; & on ne peut reconnoiſtre de Prince que l'on ne luy accorde celuy-cy. En ce cas les Principautez dépendantes participent de la nature des Fiefs. Par cette raiſon elles ſons ſuittes à la Loy, & au Droit des Fiefs. On ne diſpute pas au Feudataire la liberté de diſpoſer de ſon Fief, de meſme que de ſes autres biens. Tous les Fiefs, de quelque qualité qu'ils ſoyent, ſont auiourd'huy Patrimoniaux dans l'uſage de ce Royaume : La Lorraine eſtant dans ſes limites, eſt ſans doute ſuiette à cét vſage. Ses Ducs n'ont iamais eſté mis au rang des Princes Souuerains, ils ont toûiours eſté conſiderez comme Vaſſaux & Feudataires. Mais ils affectoient d'eſtre crûs tels en faveur de l'Empire d'Allemagne. Ils faiſoient de cette Fable, vn retrenchement entr'eux & la France. Si le temps leur eſt vn Titre legitime; Si par luy leur poſſeſſion a pû deuenir iuſte au preiudice des proprietaires legitimes & iuſtes de la Lorraine, il eſt certain qu'il n'a point eu la force de les rendre abſolûment Souuerains. Les Iuriſconſultes qui croyent que les Droits Royaux ſont præſcriptibles, croyent auſſi que cette preſcription n'a d'autre effet que d'acquerir à la poſſeſſion qu'elle confirme, la qualité & la nature du Fief. Le Poſſeſſeur eſt conſideré comme Feudataire : Il ne luy eſt iamais

poſ-

possible de se detacher absolument de la Souueraineté a qui sa
possession fait tort. Si la prescription luy est vn moyen qui le mette
à couuert de la peur d'estre contraint de vuider ; elle n'en est pas vn
qui l'exempte de la reconnoissance qu'il doit à la Souueraineté, que
ses Predecesseurs ont offensée par leur vsurpation. Le Duc Charles, pendant qu'il possedoit la Lorraine, estoit par cette considera-
tion Vassal & Feudataire de la Couronne & de l'Estat de France.
Il n'est pas de pire condition que les autres Feudataires, si ce n'est
que l'on pretende que l'estenduë de son authorité, dans vn Fief si
Noble, & de cette qualité, luy soit desauantageuse. Elle le seroit s'il
pouuoit moins que les Feudataires foibles & impuissants. Il luy
estoit donc libre de disposer de son Fief, comme il l'est aux autres
Feudataires : Et à plus forte raison il a bien pû consentir à sa reünion, & à sa consolidation au Domaine Royal d'où il est premierement sorty. Il n'a rien adiousté à vostre Droit, SIRE ; la proprieté
de la Lorraine souffroit vne iniuste violence : Il luy a enfin permis
de retourner à son principe, où sa propre Nature la portoit. Les
Peuples de cette Prouince trouuent leur salut dans ce changement :
Cette reünion est le plus propre & le plus asseuré remede qu'ils
pûssent desirer aux miseres qui les accabloient depuis si long-temps.
Le Salut du Peuple est la Souueraine Loy : quand nulle autre n'ap-
puyeroit ce fameux Traitté, il ne seroit pas moins legitime. Il est
vn bien-fait qui les tire de leurs maux. L'obeïssance qu'ils ren-
doient à V. M. n'auoit encore ny le prix ny le merite d'vne action
vertueuse. Elle commencera à l'estre, puisqu'ils ont commencé à
estre François. C'est vn glorieux avantage aux Vaincus d'estre
rendus égaux aux Victorieux ; d'estre appellez à la liberté publique, & à la participation de la Victoire. Ils auront part aux Droits
des Citoyens, & ne gemiront plus sous la rigueur des Droits de la
Guerre. Le Duc Charles a commencé à bien meriter d'eux, quand
il a ioint son consentement à celuy de la Victoire, & voulu comme
elle qu'ils soient Françoises. La volonté du Prince est la Loy Souueraine du Peuple ; & le Salut du Peuple est la Loy Souueraine du
Prince. Le Duc Charles a écouté cette Loy. Le Prince qui l'offence, n'offence pas moins son deuoir. La Paix est vtile aux Vaincus,
mais pour les Victorieux elle est seulement belle, dit vn Ancien. Ce Tacit. Hist.
Traitté est ainsi auantageux à la Lorraine, comme il est Glorieux à l. 3. c. 13.

C 3

la

la France. Si les Princes du Sang du Duc Charles s'opposent au
bonheur de leur Patrie, n'est-il pas visible que leurs plaintes contre
ce Traitté ne procedent que de leurs passions particulieres? Leur
esperance trompée se conuertit en douleur. Ils regardoient la Lorraine comme vn bien qu'ils se promettoient de posseder vn iour:
Ils sont touchez aussi sensiblement de la perte de leur esperance,
que les autres Hommes le sont de celle de leur possession. Ils
croyent, SIRE, que vous leur auez osté ce qu'ils ne possedoient
point, & ce qu'ils n'estoient pas asseurez de posseder. Ils ne
pouuoient rentrer dans la Lorraine, sans vous en faire sortir. Mais
leur estoit il possible de surmonter ny vostre Droit ny vos Armes?
Les exemples de beaucoup d'autres Princes qui n'ont pas esté plus
fauorablement traittez par les Chefs de leurs Maisons, deuoient
moderer leur ressentiment. Le Dauphin Humbert II. donna son
Païs à Charles, Fils du Roy Philippe de Valois, quoy qu'il eut des
Proches capables de luy succeder. La Branche de la Tour de Vinay
n'estoit pas éteinte. Remond, Prince d'Orange, estoit Fils d'Anne,
Fille de Guy Dauphin, & par consequent il esperoit auec iustice
cette Illustre succession. Neantmoins, ny les vns ny les autres
n'oserent opposer leurs interests à la volonté de Humbert; ils ne
douterent point qu'elle ne fust iuste, encore qu'elle ne leur fust pas
fauorable. Loüis II. Comte de Valentinois & de Diois, imita l'
exemple de Humbert, cinquante cinq ans apres. Il vendit au Roy
Charles VI. ces deux Comtez, au prix de cent mille Escus d'Or.
Quelque empeschement que Loüis de Poitiers, Seigneur de Saint
Vallier, & apres luy ses Heritiers, fissent naître, durant prés de tren-
te ans, pour ruiner ce Contract, leurs efforts furent inutiles. Les
Dauphins & les Comtes de Valentinois estoient Souuerains, comme les Ducs de Lorraine. Les Souuerainetez indépendantes sont
vn bien public, ce que les autres ne sont pas : celles-là ne recon-
noissent que l'authorité du Droit Public, & celles-cy sont encore
soûmises à celles du Droit Ciuil. I'adioûterois, s'il en estoit besoin,
plusieurs Exemples à ceux-là, & appuyerois ces raisons par d'autres.
Ie n'obmettrois pas, SIRE, les Droits que V. M. a sur la Lorraine,
du chef de la Maison d'Aniou, & de la Duchesse Nicole. Mais ie me
persuade que les plus fermes dans leurs opinions se desabuseront
par les reflexions que ie leur donne suiet de faire. Cependant, SIRE,

quel-

Chr. Iustel.
Hist. de la
Maison d'
Auuergne
15. chap. 2.
Hist. de
Dauph. l. 11

quelle obligation ne vous a pas voſtre Couronne ? Toutes vos penſées n'ont que ſa gloire pour fin : Toutes vos actions ne tendent
qu'à la faire agir auec le meſme éclat qui la rendoit ſi admirable
ſur la Teſte de ſes premiers Heros. Elle vous coniure, SIRE, par
l'intereſt de voſtre reputation & de la ſienne, de ne luy pas oſter ce
que premierement vos Victoires, & apres le conſentement du Duc
Charles luy ont donné. Si ny la Guerre, ny le Contract, ne ſont,
pour voſtre Eſtat, de legitimes moyens d'acquerir, quelle eſperance
peut luy reſter de recouurer iamais ſes pertes, & de rappeller ſon
ancienne Dignité ? Mais, SIRE, on ne doute pas que vous ne
témoignez en cette occaſion quelle eſt la force de voſtre Ame,
comme vous auez montré en tant d'autres quelle eſt celle de vos
Armes. L'vne ne doit pas eſtre moins inuincible que l'autre. Et
certes voſtre Prudence rend voſtre Ieuneſſe digne d'eſtonnement,
& voſtre Ieuneſſe eſt l'Eloge de voſtre Prudence. Vous n'auez pas
ſi-toſt voulu regner que vous en auez eſté capable. Vous regnez en
effet, & nul ne regne par vous. Dans l'âge où les autres Princes
ont à peine aſſez de lumiere pour regler leur particuliere conduite,
vous en auez pour le Gouuernement du plus grand Royaume de la
Chreſtienté. Enfin, SIRE, ce vous eſt vne loüange immortelle,
qu'encore que pluſieurs de vos Predeceſſeurs ayent eſté Roys dans
leur berceau, nul, neantmoins, n'a comme vous, ſi-toſt
commencé à Regner.

F I N.

9 782013 475334